阊门
苏州府
七狸山塘
桃花坞
虎丘
钱塘门
旧事·白居易
杭州府
等待探索
旧事·小蛮
钱塘春行
等待探索
等待探索
等待探索
等待探索
松江府

* 本书所收录游戏内容至 2021 年 3 月。

入画

江南百景图艺术设定集

椰岛游戏　著

電子工業出版社
Publishing House of Electronics Industry
北京·BEIJING

* 当出现这个符号时，请把本书顺时针旋转 90°欣赏。

目录

画（畫）

● **huà**

1. 绘图：绘～ | ～图 | ～像。
2. 图像：～面 | ～片 | ～卷（a．成卷轴形的画；b．比喻壮丽的景色或动人的场面）。

五十万人预约达成的宣传图

正式上线时的主视觉图

页〇一二：平台推荐用宣传图

页〇一三：游戏开屏载入插图

脚店
脚店

江
南
百
景

元宵节主题宣传插画

下页：角色图鉴背景图

牡丹亭主题壁纸

重阳节主题壁纸

去年桃花主题壁纸

七夕节主题壁纸

中秋节宣传插画

七夕节宣传插画

页〇一四：明四家主题插图

页〇一五：端午节宣传插图

杭州府全新主视觉图

江南百景图

龙舟竞渡图
贰零贰零年端午

页〇一七：松江豫园宣传插图

新年开屏宣传插图

「牡丹亭」

第一回

汤显祖以词交友

董其昌为画伤神

牡丹亭　第二回

探郎心丽娘试问

为私利思白定计

牡丹亭 第三回

桃叶里一期一会

牡丹亭三生三世

三笑缘

第一回

文徵明挥毫画妻像　百景图入画藏玄机

三笑缘

第二回

粉娇娥一笑遇六如　病憨儿乱语促良缘

三笑缘　第三回

有情人二笑诉相知　无欲人佛语警凡心

三笑缘

第四回

痴儿女三笑桃花雨　桃花仙相思桃花坞

聚宝盆　沈园谜局

聚宝盆长眠沈园

七恶人各怀心思

贺新春

江南团圆年

备晚会众人各展所长　度除夕离人始露笑颜

长恨歌 第一回

小蛮重跳小荷曲　乐天再访故人井

长恨歌 第二回

官民协力疏西湖
六井清澈吐新水

乐天思虑为苍生

小蛮热忱向舞蹈

长恨歌

第三回

长恨歌 第四回

除夕守岁乐融融

小蛮练舞心切切

·未完待续

唐伯虎印章「六如居士」

唐伯虎印章「南京解元」

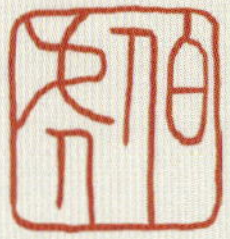

唐伯虎印章「伯虎」

唐伯虎印章「吴趋」

沈周印章「石田」

沈周印章「启南」

椰岛游戏印章

沈周印章「白石翁」

文徵明印章「徵明」

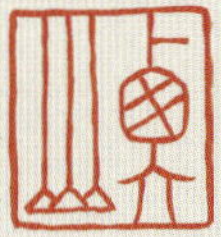

文徵明印章「衡山」

文徵明印章「停云」

仇英印章「实父」

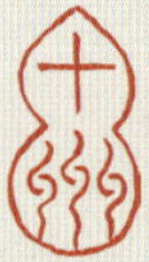

仇英印章「十州」

仇英印章「仇英」

项目策划之初，公司所有的美术设计师都根据主题分别尝试了各种艺术风格，包括卡通、民俗版画、水彩、水墨等。这些作品汇总起来，经过创作团队的商议遴选，选出一个大家最喜欢又最合适的方向，初步确立了美术风格。之后，基于对国画资料的进一步研究，并结合游戏的开发需求，几经归纳和改造，最终形成现在的游戏画面。在研究过程中，创作团队发现，国画是随着时间一直在变化发展的，现今大众熟悉的“国画风格”其实到了民国时期才成形。因此，这个项目在美术风格上追随的对象反而是近代的国画多一些，比如，吴冠中、潘天寿、林风眠、张大千、戴敦邦、溥心畬（爱新觉罗·溥儒）等大师的作品。

在参考、研究的过程中，创作团队发现了不少有趣的传统美术形式。例如古画中有一门类名为“界画”（此门类不乏名作，如仇英版《清明上河图》），它与《江南百景图》游戏画面所采用的等轴测视图表现手法近似，给予大家很大的启发空间。又如游戏中的“探险剧情”以章回小说的形式呈现，配图模仿的是古代话本的插图，也就是传统木版画。

由于游戏产品整体画风与市场上的主流区别明显，美术团队便很少拘泥于常规的商业游戏宣传画思路，每次都尽量大胆地尝试不一样的画风：繁复的勾勒、对古画的致敬、现当代的抽象和简约等。从目前反馈看，玩家的接受程度比较高。未来美术团队会在宣传画方面继续尝试更多可能。

成就图标

贸易帝国

犯罪克星

天神下凡

体察民情

吴门传人

天下窑器

江南食神

海生明月

人满为患

冠云齐天

山清水秀

十里湖光

西湖天堂

黄浦之水

居

●**jū**

1. 住：～住 | ～民 | 隐～。
2. 居住的地方：新～ | 故～ | 迁～。
3. 停留：～守。
4. 平时：平～。

州府
应天府城楼
城墙

民宅
柳树

新年民宅

辟邪雕像
位于应天府玄武里。
施祝福于民宅。
彩云狸
位于苏州府沉香坞。
施祝福于民宅。
文星狸
位于苏州府桐芳坞。
施祝福于民宅、水井。
穷奇铜像
施祝福于民宅。

民宅丧事
松树
水井
義

位于苏州府海棠坞。施祝福于家具铺、画室、木炭店、寿材店。

民宅喜事
水井

喜服店
财神雕像
位于应天府雨花里。
施祝福于家具铺、
画室、棉花铺、
布匹店、成衣店。
布匹店
码头

便民商栈
药铺
草药摊
成衣店
油店
油

位于苏州府枕荷坞。施祝福于渔具店、丝绸店、灯笼店、瓦片店、瓷器店。

特产商栈
团扇店
玩具摊
折扇店
小石桥
杂物摊

文化商栈
画室
告示牌
画廊
伞店

普通商栈
歇脚石
茶叶店
茶水摊

棉花铺
算卦摊

灯笼店
投食槽
丝绸店
瓷器店
木炭店
木炭摊

轿子
杂货铺
渔具店
豪华轿子
同乡会馆
书局

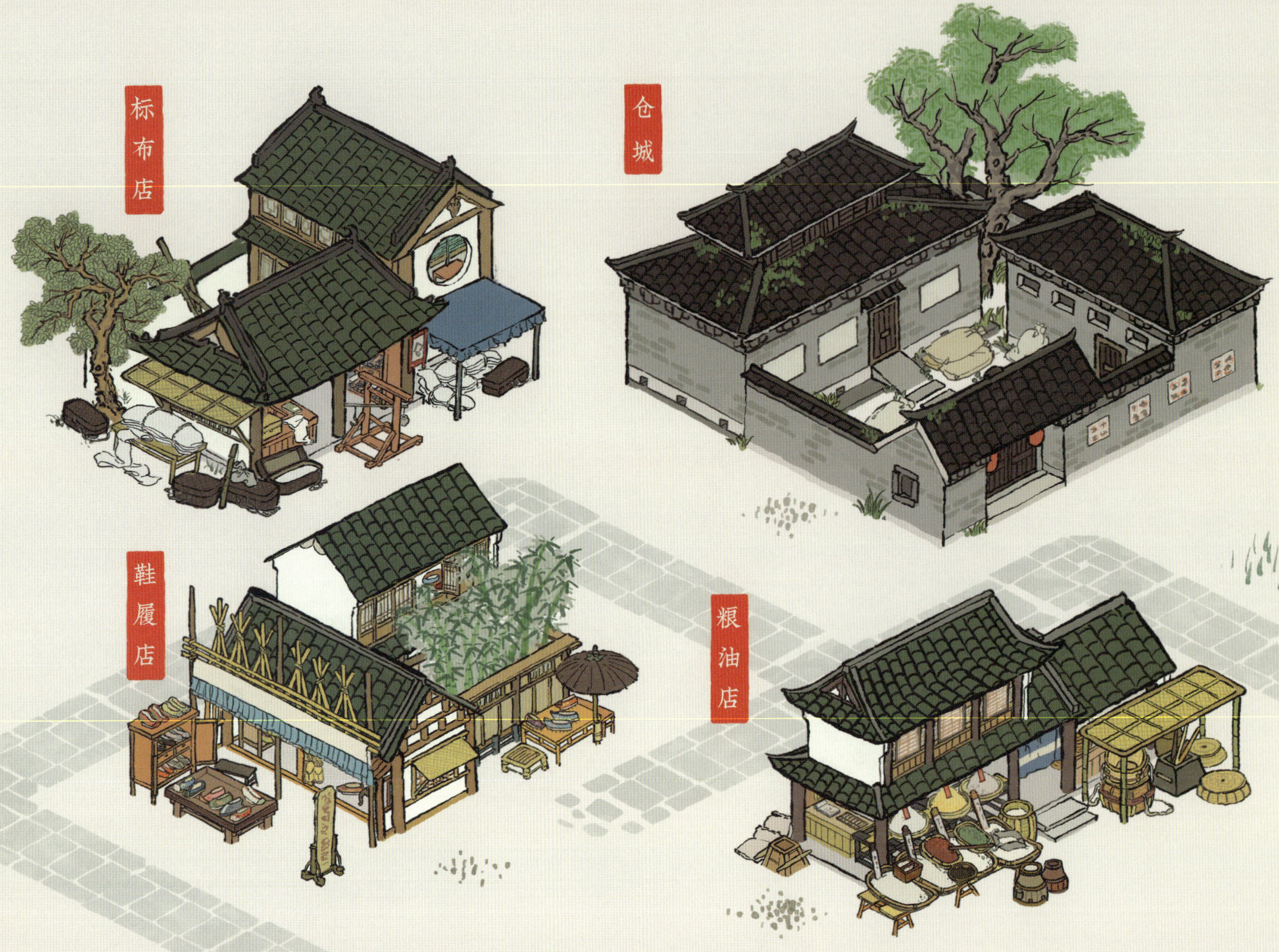
标布店
仓城
鞋履店
粮油店

仓城内部

仓库
砖砌仓库
水渠

驿站
驛
石碑
客栈
出租马车
税课司
肉摊
土地庙
鱼摊

客栈内部
食盐
八角
红糖
花椒
炒大虾
炸螃蟹
青菜豆腐汤
鸭血粉丝汤
冬瓜虾仁汤
佛跳墙
杏仁豆腐

* 此对页仅展示设计方案，并非游戏最终画面。

木栏桥
红枫
石桥
上河桥

桃花树
虹桥
门
万安桥
围墙

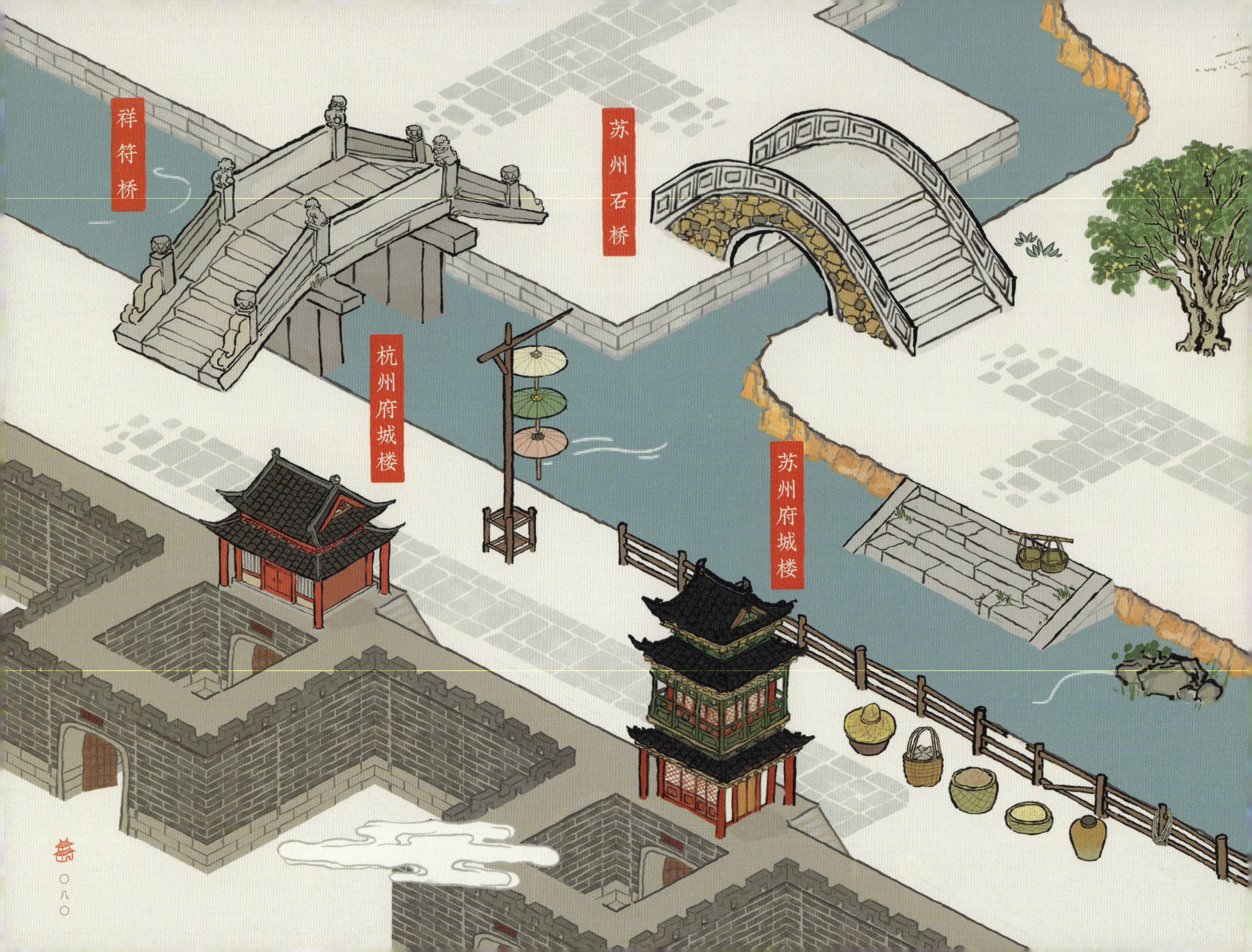
祥符桥
苏州石桥
杭州府城楼
苏州府城楼

阊门
山茶树
桂花树
溜水桥

白玉兰
放生桥
篱笆

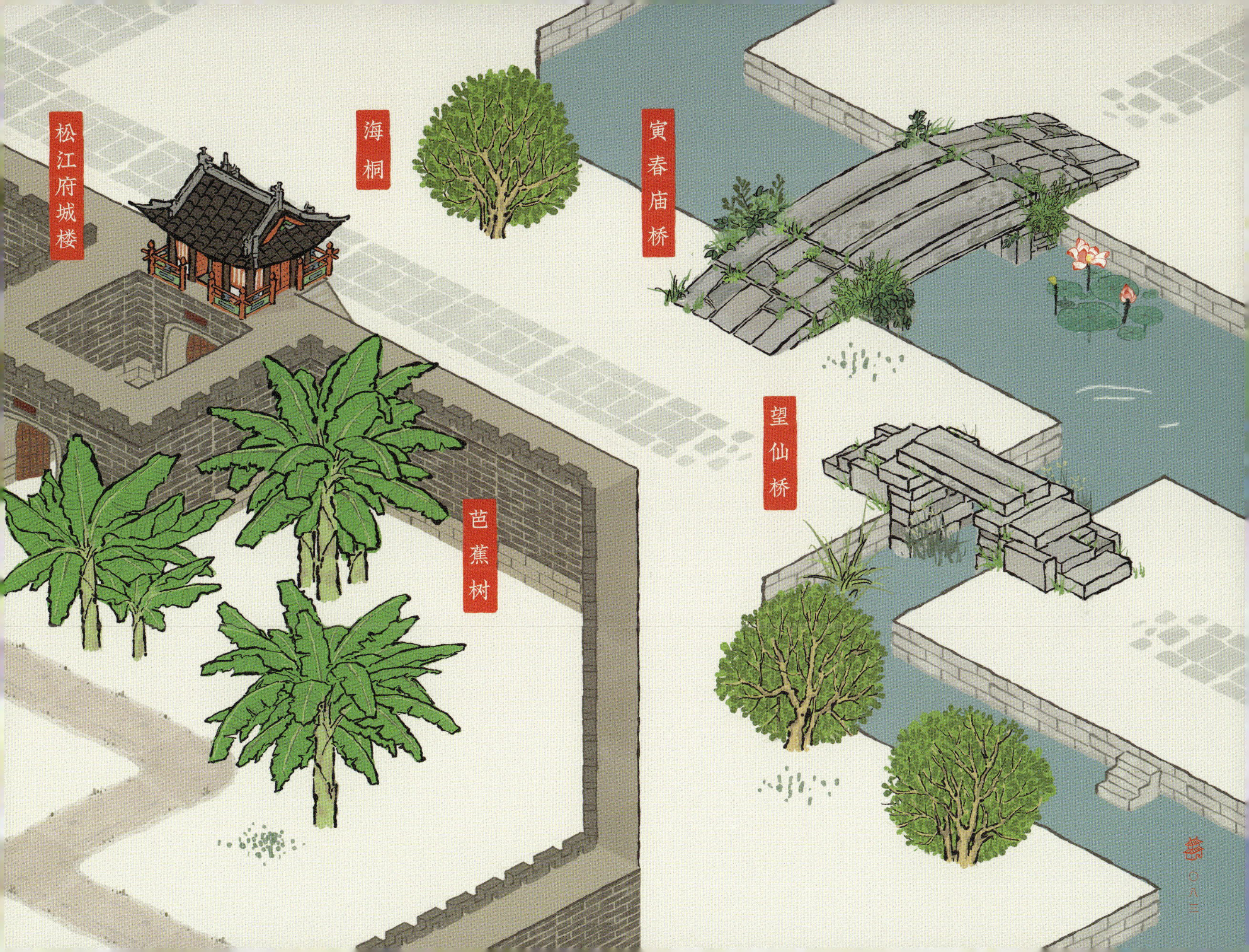
松江府城楼
海桐
寅春庙桥
望仙桥
芭蕉树

新年民宅●页〇五八
民宅丧事●页〇六〇
民宅喜事●页〇六二
仓库●页〇七四
民宅●页〇五七

模拟经营类游戏的网格地图容易显得死板，而且手机屏幕有一定的局限性。这就要求画面上的每个建筑都得容易辨识且细节丰富。美术团队的解决方案是：在设计之初，尽量找到看上去就很特别的原型作参考。实际绘制时，先在大结构上做出排布，比如屋顶、房间、围墙，然后画上植物，最后补上生活细节。如此一来，游戏的画面就会既有层次感，又有烟火气。

在设计建筑时，美术团队遵循一个基本原则：如果能找到古建筑或者古画作为参考，就尽量不要自己编造。古画、古建筑里有着大量的内容，即使是还原也足够美术取材。事实上，游戏里的一艘船、一座桥都各有出处：有些来自古画，有些则来自现存的古建筑。感谢近几年古籍资料的数字化，网络上有大量资料可供查阅，使团队可以足不出户地“云采风”。

建筑升级是游戏中的重要玩法。团队成员都希望“升级”不仅仅是简单的数值变化，视觉上也应该有明显的差异。受团队规模限制，不是所有的建筑都有特殊的升级效果。目前，只针对玩家建造频率最高的部分建筑做了比较丰富的升级变化，比如，民宅和仓库。黑瓦白墙的民宅是江南水乡审美的核心要素，同时也是玩家反复建造的单位，所以它不仅有 5 档升级的外观变化，还有对应的喜事、丧事，以及节庆状态下的变化。游戏中每座城市都有专属奇观建筑，本体明显比一般建筑尺寸大，细节也多得多，还配置了相应的建造过程图。为此，美术团队专门研究了古建筑的建造技术工艺，力图最大限度地做到还原。

除了建筑，游戏中还有很多小物件。它们都是在查资料时的“顺手工作”：某个东西很有趣，又不足以作为一个建筑单位呈现，那便先收集整理起来，待到有机会就以装饰物的形式融入游戏。

玩家来到一个新地点，第一眼看到的就是空地和废墟。它们决定了玩家对新城市的第一印象。所以，即使是废墟也要足够丰富、好看，并且每座城市的废墟要跟该城市的特色装饰物对应——即它们被烧毁的样子。

女娲画院●页一一九
望湖亭●页一五三
断桥●页一五三

断桥废墟

断桥修复中

望湖亭修复中

望湖亭废墟

女娲画院废墟

雷峰塔●页一五〇
仓城●页〇七二

仓城修复中

雷峰塔废墟

仓城废墟

雷峰塔修复中

曲院风荷废墟

曲院风荷修复中

柳浪闻莺废墟

柳浪闻莺修复中

造

● zào

1. 制作，做：制～ | 创～ | ～物。

2. 成就：～诣。

3. 农作物从播种到收割的次数：一年两～ | 晚～。

菱角池塘
玄武铜像
施祝福于鱼塘、水井、菱角池塘、养鸭场。
茶园
草药田
养鸭场

竹林
当康雕像
位于应天府凤台里。施祝福于农田、鱼塘、棉花田。
棉花田
农田
鱼塘

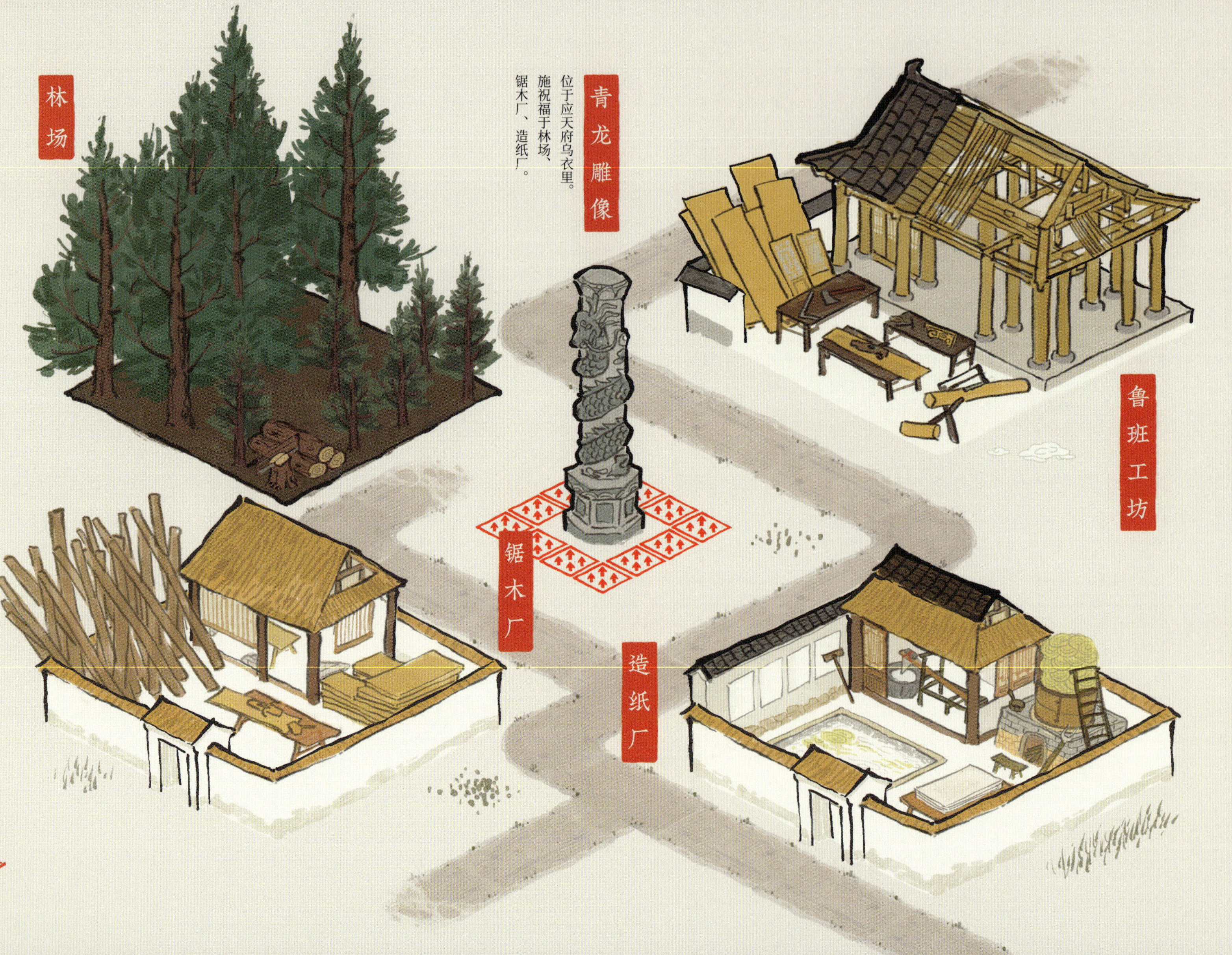
林场
青龙雕像
位于应天府乌衣里。
施祝福于林场、
锯木厂、造纸厂。
鲁班工坊
锯木厂
造纸厂

仙鹤铜像

施祝福于烧炭厂、木炭店、炼丹炉、寿材店。

海涌狸

位于苏州府枇杷坞。施祝福于林场、锯木厂、烧炭厂。

位于苏州府香椿坞。施祝福于草药田、药铺、炼丹炉。

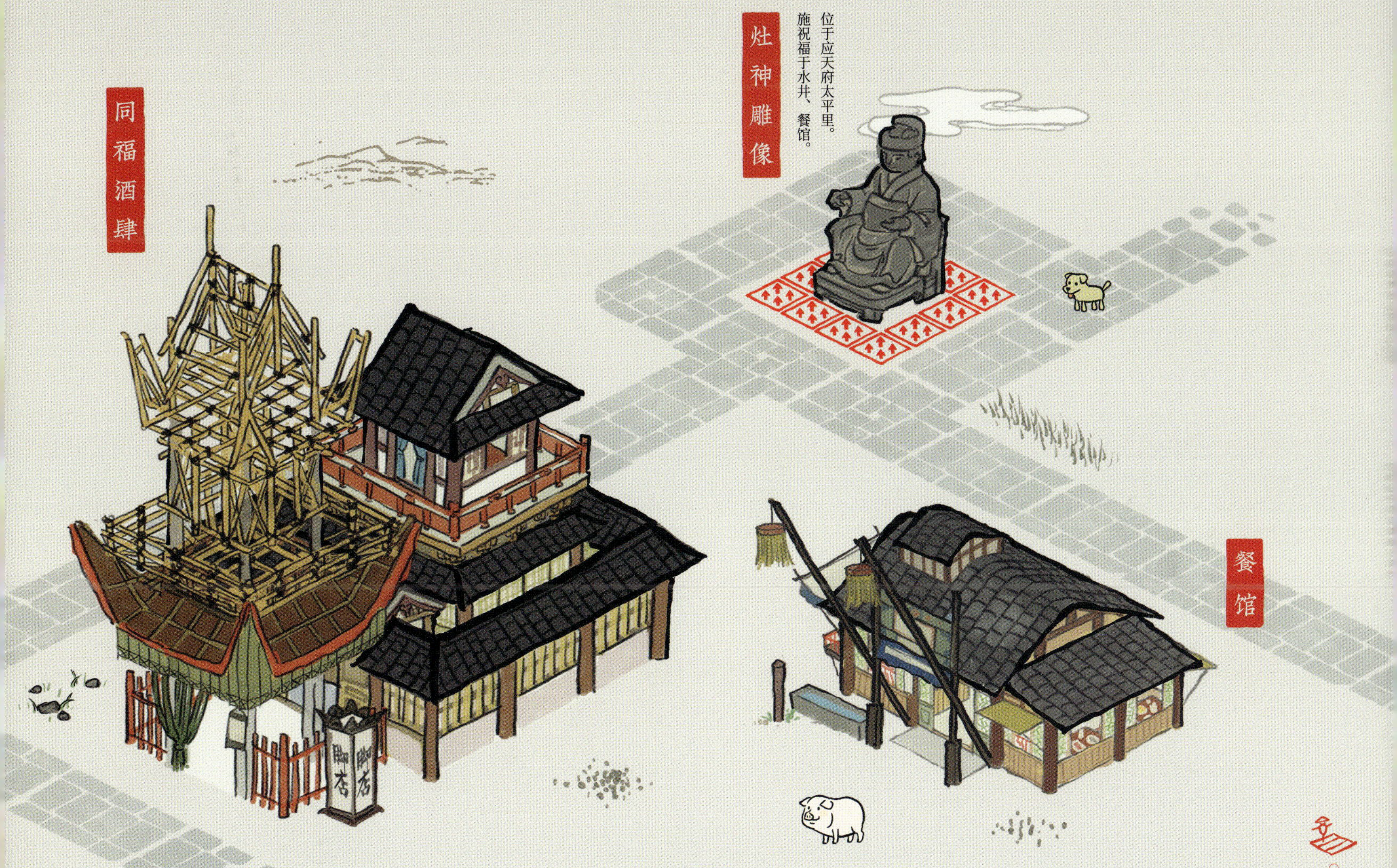
同福酒肆
灶神雕像
位于应天府太平里。
施祝福于水井、餐馆。
餐馆

云锦织坊
绣坊
桑树
织女雕像
位于应天府钟山里。施祝福于织布坊、裁缝铺。
织布坊

苏州织造
美仁狸
位于苏州府芦苇坞。
施祝福于养蚕场、
丝织坊、绣坊。
丝织坊
养蚕场

团扇作坊
裁缝铺
折扇作坊
汇源当铺
典

制伞坊
桐油种植园
油纸厂
庙会街

标布作坊
黄婆布坊
制鞋坊

煮盐场
盐事司
蟹塘
改良农田
改良农田

养鸭场●页〇九二

菱角池塘●页〇九二

林场●页〇九四

农田●页〇九三

同福酒肆●页〇九七

不同的屋顶颜色代表不同的建筑类型。一般来说，黑色屋顶的是民居和基础建筑，绿色屋顶的是商业建筑，蓝色屋顶的是娱乐或者装饰类建筑。然而，这并不符合史实——中国传统建筑的瓦片颜色跟阶级挂钩，平民百姓不能使用青瓦和绿瓦。倘若按照史实，建筑应该全是黑瓦，但这样视觉的识别会是个大问题，玩家的游戏体验将受到影响。为了让玩家在手机屏幕上更容易辨认建筑物的类别，才做了这样的设计改动。

作为一款模拟经营游戏，美术设计要优先考虑游戏性的需求。《江南百景图》中的居民有农牧、建造、制作等不同维度的属性，为了让每个居民都有发挥空间，就需要设计相应的建筑。基于这个需求，创作团队会优先挑选符合明代江南地区特色的建筑。尽管有诸多限制，却也因此挖掘了一些有特色的建筑：除了基础的农田林场，还有菱角池塘和养鸭场等具有地域特色的建筑。

游戏中有一批付费的生产建筑，它们不需要玩家操作，就能自动提供稳定的资源收益，所以它们会比一般的生产建筑看上去特殊一点。自动生产粮食的同福酒肆看起来像是盖了一半的效果，其实这就是它的完整状态。这个建筑的原型来自宋代张择端绘制的《清明上河图》。彩楼欢门是宋代流行的一种酒店装饰，用木架、彩帛、彩纸构建而成，模拟楼阁的建筑形态，用以招揽顾客。

彩云狸 ● 页〇五九
文星狸 ● 页〇五九
通贵狸 ● 页〇六五
美仁狸 ● 页九十九
分水狸 ● 页〇六一
海涌狸 ● 页〇九五
白公狸 ● 页〇九六

游戏中有很多雕像，它们针对不同的建筑产生加成效果。这部分的设计是玩法和主线流程的需求先行的，最初的需求可能只有一句“需要一个对农田有增益的神像”，美术团队以此为基础思考应该需要什么形象。

开发团队在苏州采风时，偶然在山塘街遇到了“山塘七狸”。山塘街东连阊门，西接虎丘，长约七里，故称“七里山塘”。这七里路中，一里路有一段桥，每一段桥均有一只狸猫雕像，分别为：山塘桥畔美仁狸、通贵桥畔通贵狸、星桥畔文星狸、彩云桥畔彩云狸、普济桥畔白公狸、望山桥畔海涌狸和西山庙桥畔分水狸。据民间传说，这七只狸猫在此是镇住龙脉，固守大明江山之用。直到今天，这些雕像依然还在，不过都是 2006 年新设置的了。这些当地人才知道的民俗知识，放在游戏里别有趣味。若是苏州的玩家玩到这个部分，应该会莞尔一笑。

宝物与道具

桑笼
父乙簋
酒壶
钱袋
笔筒
笔架
财见帖
风筝
水桶
花瓶
松烟墨
杏仁黄
金箔
简易毛笔
澄泥砚
桃花仙露
青铜爵
杯具
佛经
牡丹红
青花蓝
湖笔
简易的颜料
砚台
鸡缸杯
佛珠
觞
般若经
晴山蓝
书本
砚石
飞泉绿
朱砂石
原料纸
金花笺
鼓
盒装颜料
银杯
珍珠
澄心堂纸
竹筒
玉玺
鸡血石
木梯子
竹马
文具箱
自酿酒
盘盏
纫车
柴火
儒服

刮刀
熨斗
小土堆
铜钱
黄鼠狼毛
竹叶
百合花
兔子毛
桃花
百年老木
竹叶杯
桃
石钟乳
香蕉
梅花
牡丹花
桑叶
剪刀
黄色茶花种子
桑树苗
毛竹米
山茶花
松果
竹耙
火炉
白色茶花种子
桃树苗
菊花
栀子花
有毒药草
毛竹
桃花衣
红色茶花种子
两色茶花种子
栀子花种子
梅花枝
桃花枝
李花枝
梨花树枝
笤帚
铲子
粉色茶花种子
三色茶花种子
龙胆花丛
龙胆花
凤仙花丛
凤仙花
湖神石

景

● jǐng

1. 环境的风光：～色 | ～致 | ～物 | ～观。
2. 情况，状况：～象 | ～况 | 年～。

钟楼
戏台
望火楼
书院
医馆

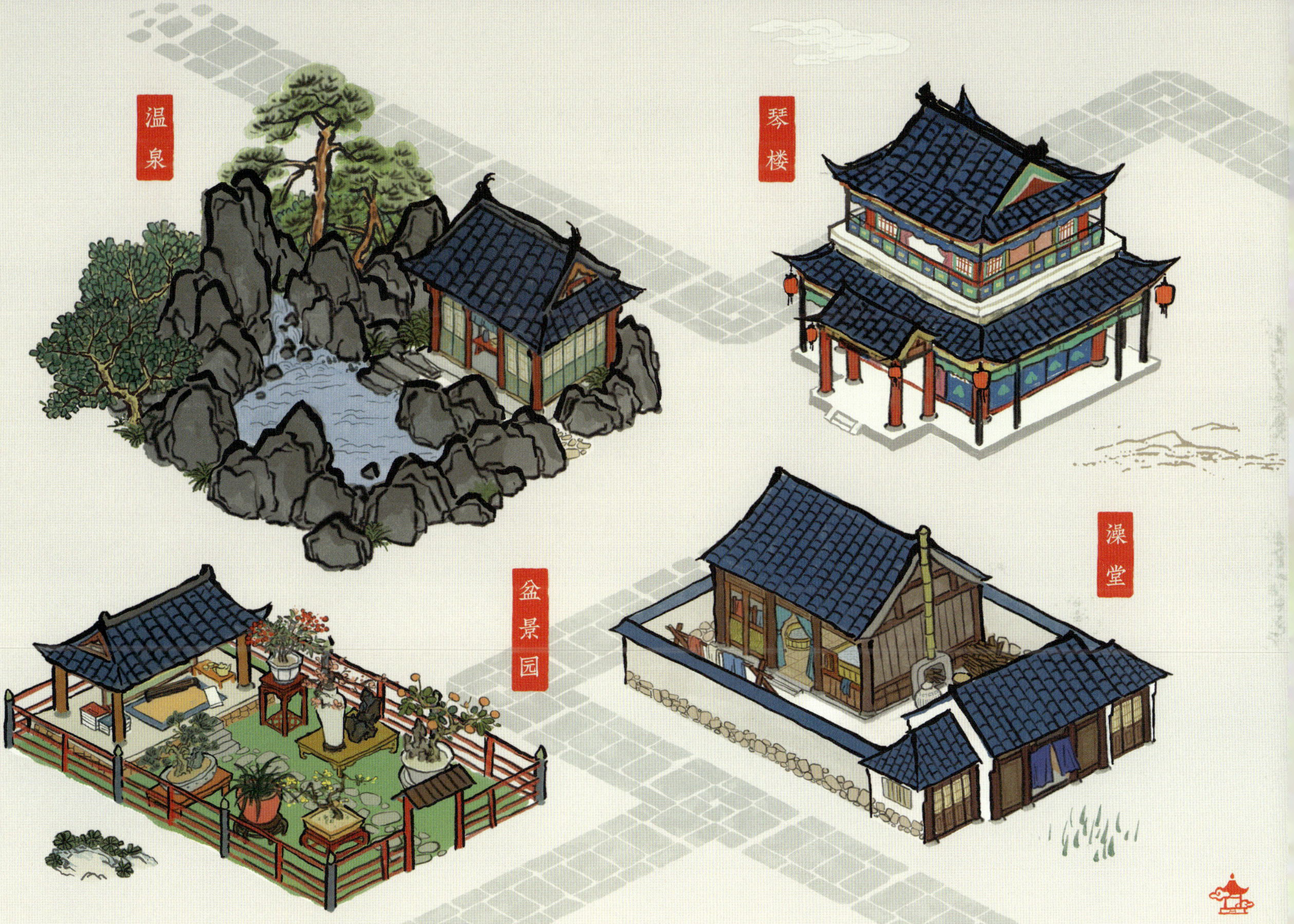
温泉
琴楼
盆景园
澡堂

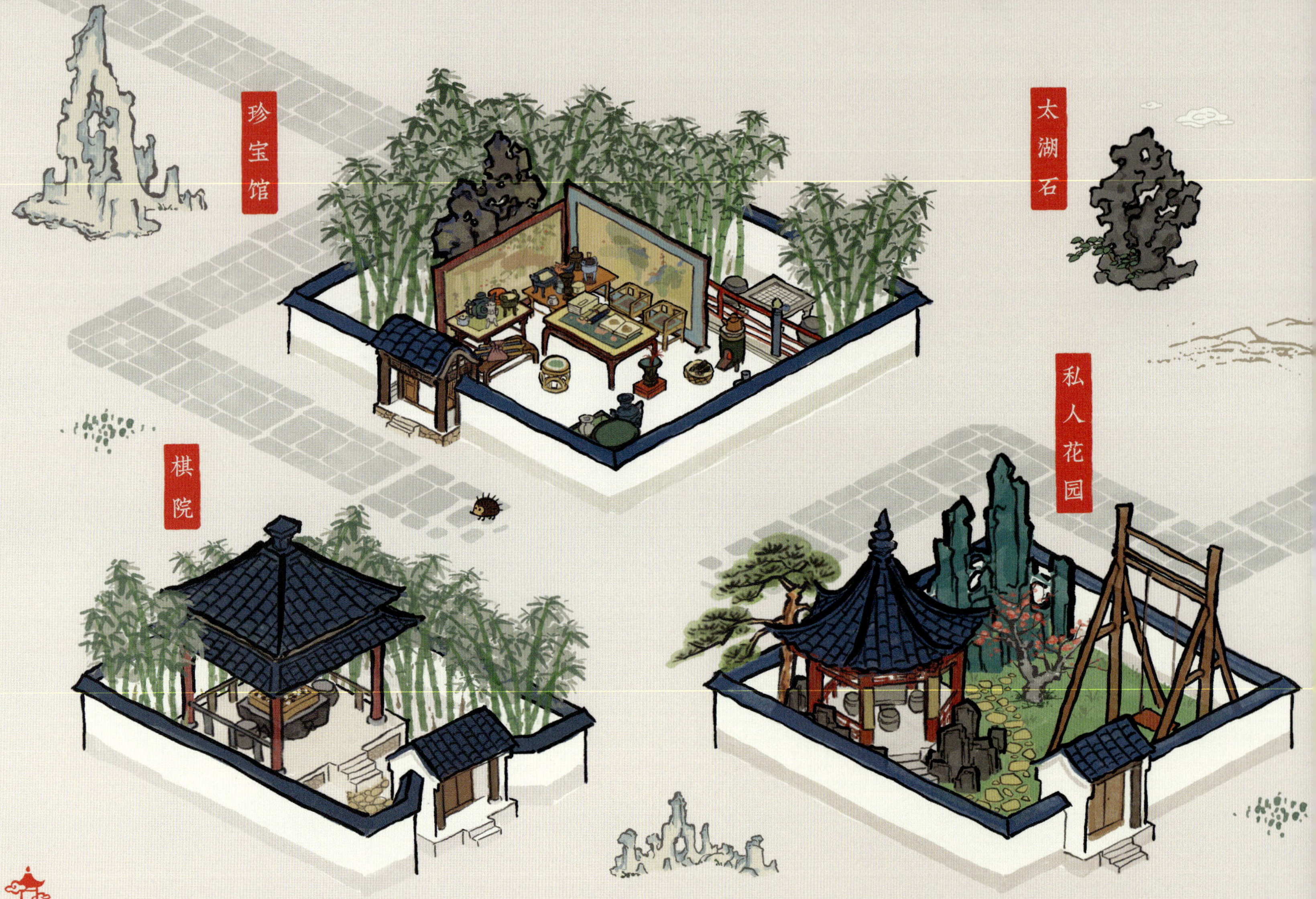
珍宝馆
太湖石
私人花园
棋院

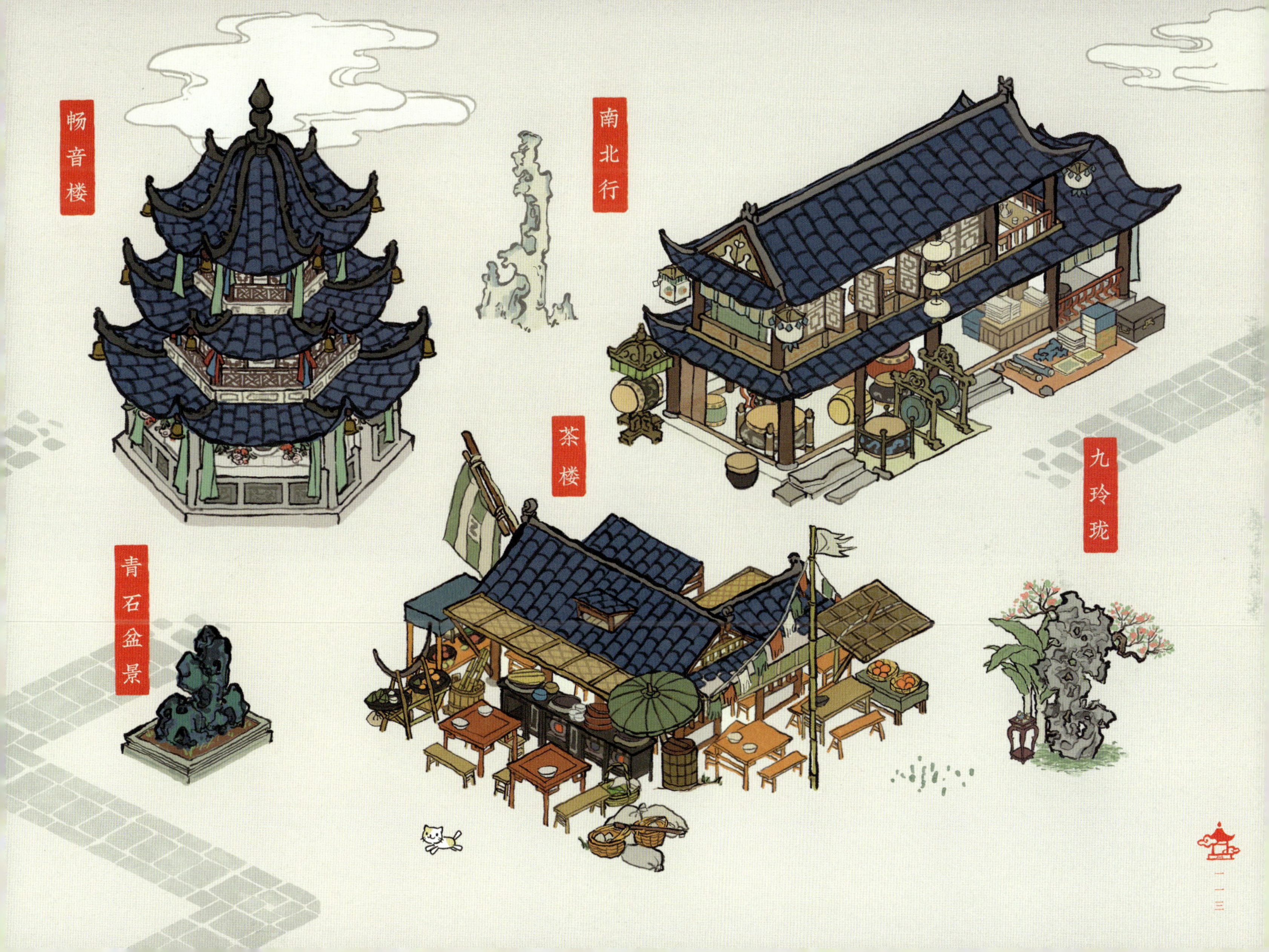
畅音楼
南北行
茶楼
九玲珑
青石盆景

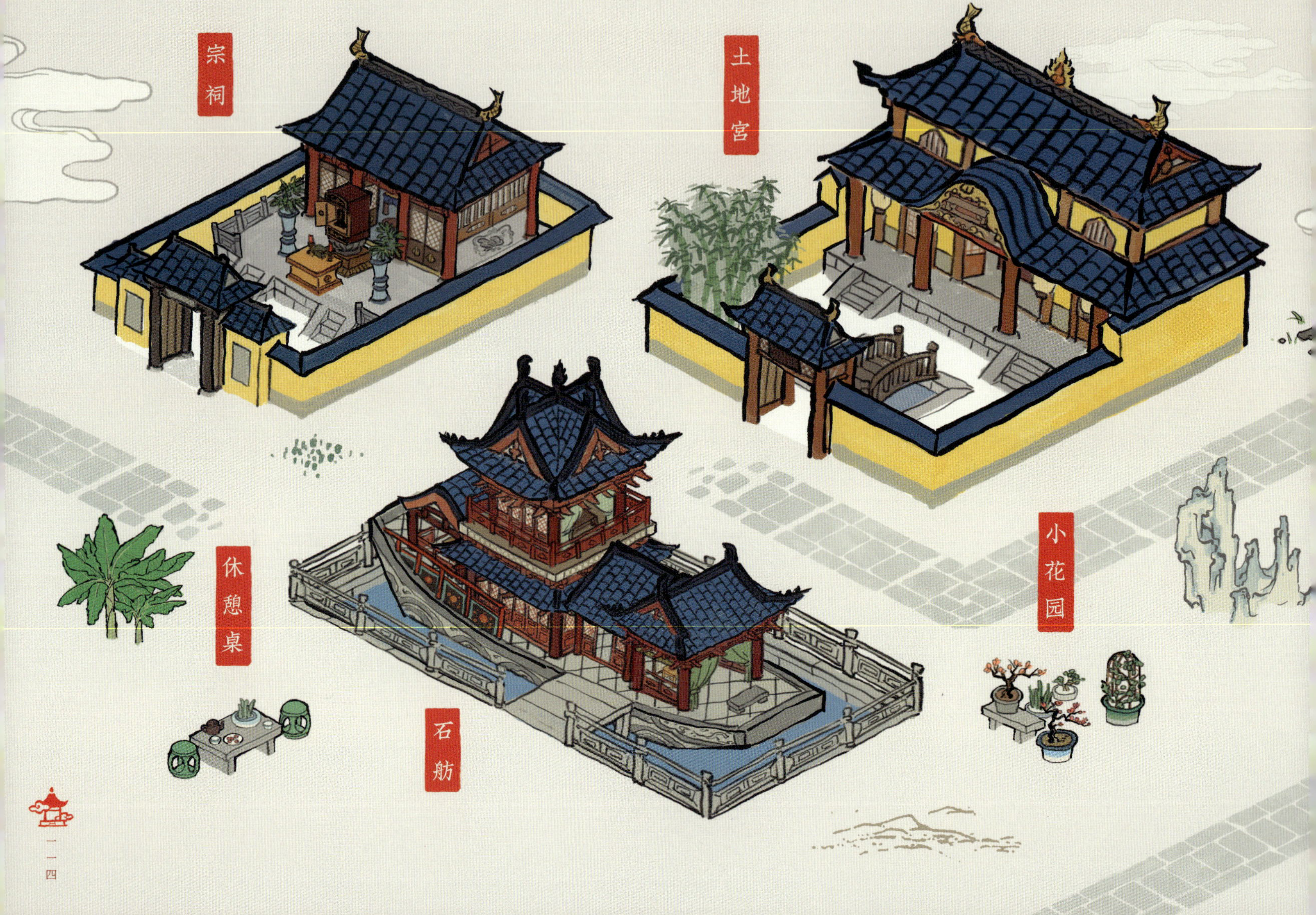
宗祠
土地宫
休憩桌
石舫
小花园

独坊
画图桌
避暑阁
巽塔

题诗壁
钓鱼台
鬼门关
茶艺雅座

双子峰
百年银杏
竹间雅座
铸钱所
道观

梅园
飞云楼
打坐石
后花园
凉亭

祈福仙树
女娲画院
山门
石墙

花圃
花商高觉
牵牛花
龙胆
菊花
绣球花
牡丹
百合
醉鱼草
萱草
雁来红
牵牛花

花圃
牵牛花
绣球花
百合
萱草
醉鱼草
牡丹
龙胆
牵牛花
花商高明
雁来红
菊花

读书堂
弄水轩
静竹坊
见山堂
隐秘的地洞

钓鱼庵
浇花亭
小桥流水

竹
采药圃
神秘的地窖

双层草屋
茅厕
垂须榕树
豪华草屋
茅草屋

雪屋夜棋
庭霰落梅
雪狮子
千树梨花
小雪狮

独钓江雪
残雪楼园
雪羊羔
归汉雪宴

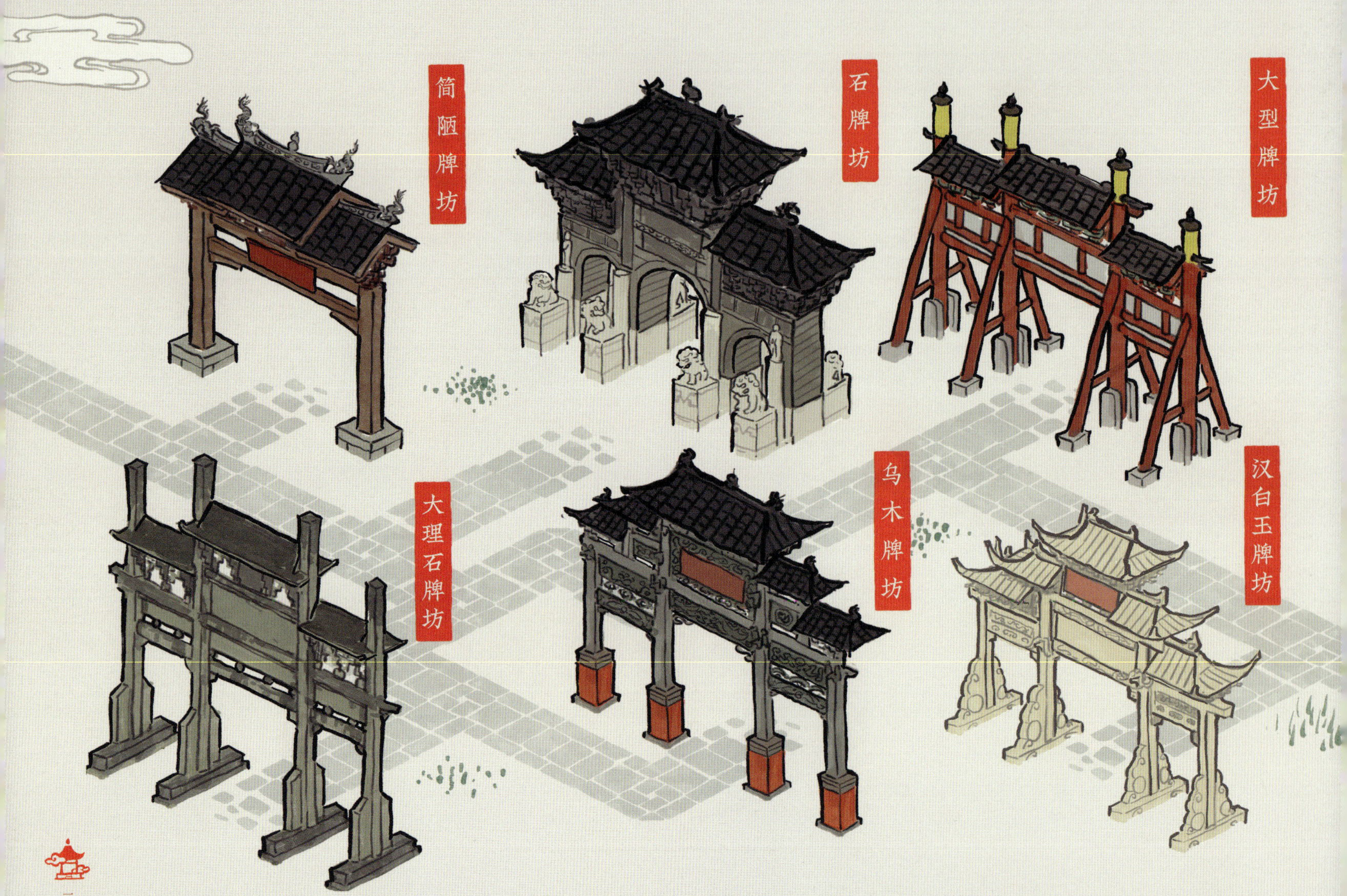
简陋牌坊
石牌坊
大型牌坊
大理石牌坊
乌木牌坊
汉白玉牌坊

花灯台
种竹斋
参天巨松
青铜大钟
木牌坊
人工湖
湖心亭

花篮灯
滚轮行灯
十里街灯
飘带街灯
宫灯
山水庭帐

竹篾球灯
黄灯笼
红灯笼
遨游龙灯
开箱春戏
花树地灯
摇尾鱼灯

江南周边店
采灵画坊
荷花盆栽
肯爷糖水铺
合欢树
斗茶摊

田园小筑
奇石盆景
梅桩盆景
静溪幽庐
江南别岁宴

千石园
泖塔
砖刻照壁
南翔双塔

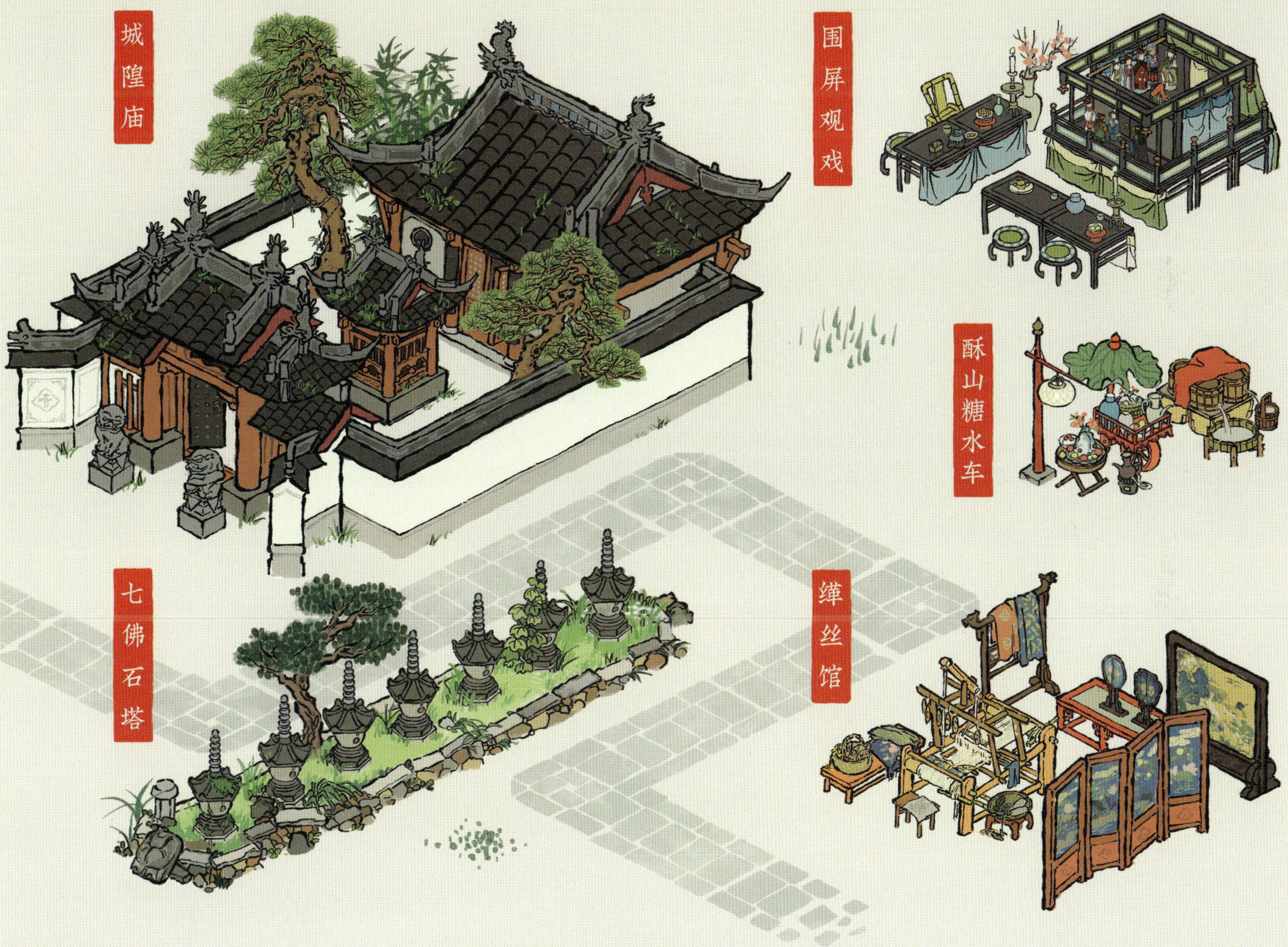
城隍庙
围屏观戏
酥山糖水车
七佛石塔
缂丝馆

去年桃花
文雅小径
莺莺河畔
石头路灯

观音座
金鱼池
沉睡兔儿灯
竹林花园
梨树

赏月园
勾栏
露天茶馆
蜀葵造景

油树林
街边演出
说经台

草堂
船厂
摇钱树

工艺路灯
孟母老宅
八仙灯
高台

阿喜茶馆
蟾宫喜桂
鹊桥星河

米市巷绣球
泥塑园
面塑摊
半山娘娘庙
剪刀工坊

百草花园
牡丹亭

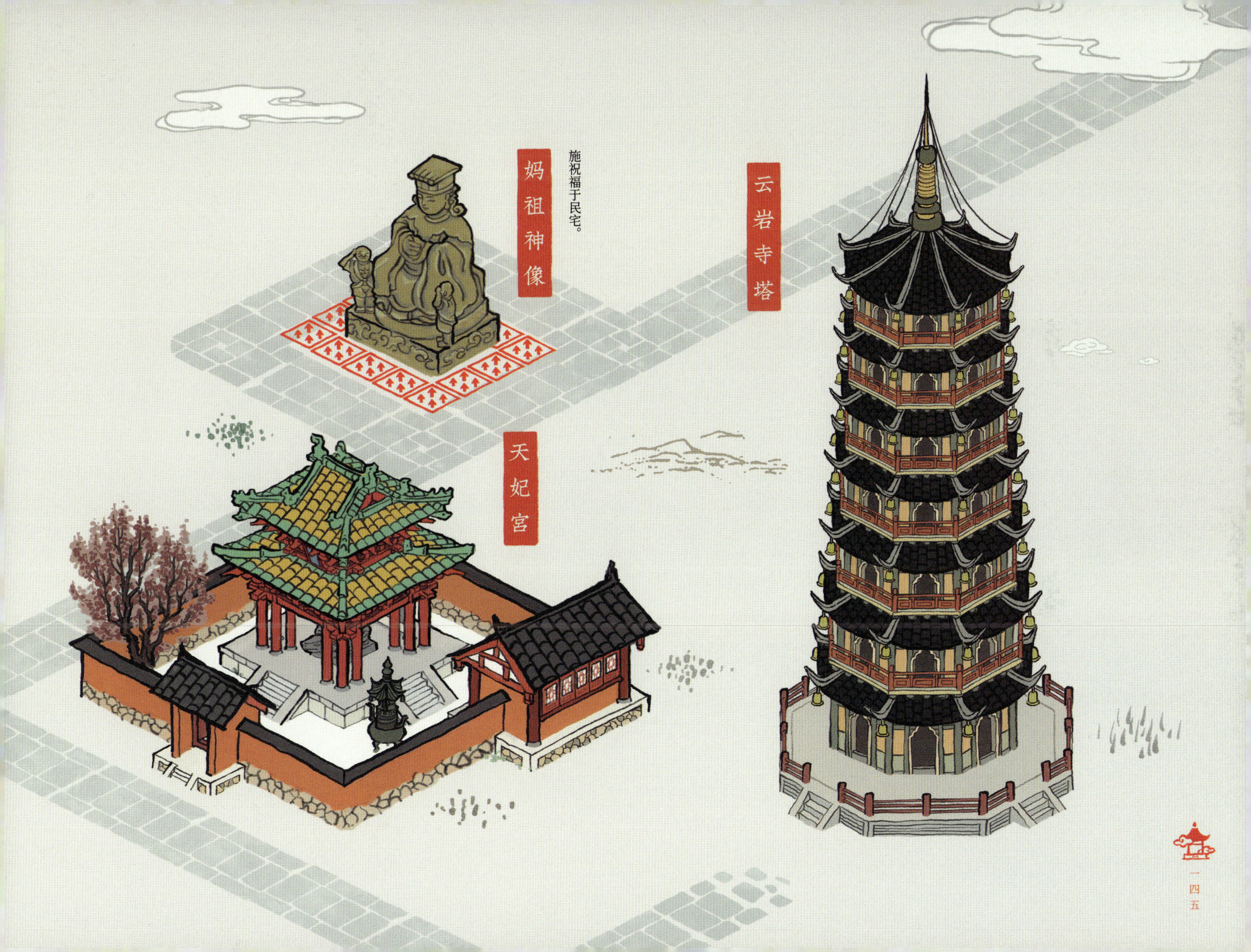
妈祖神像
施祝福于民宅。
云岩寺塔
天妃宫

观星台
崖松辞青

广寒宫
半山阁

曲院风荷

西湖湖心亭
石碑亭

雷峰塔

柳浪闻莺

亭子
疏浚碑亭

断桥
望湖亭
亭子

会稽山阴
寄情兰亭
流觞曲水
觞咏幽情

流觞曲水

东园

琉璃宝塔

龙华塔

豫园

游戏中有应天府、苏州府、杭州府等多座不同的城市，每座城市有自己的地形、奇观、特产资源和装饰植物。应天府相当于基础班，确立了整个游戏的风格；苏州府的特色在于水系发达，地形比较零碎；杭州府则围绕着西湖疏浚和京杭大运河展开。有些城市的细节极多，比如，杭州府西湖上的湖面装饰就有几十个文件，彩伞也有十多个。设计这么多细节的目的是要让玩过的人一看截图就知道是在哪座城市。

流觞曲水●页一五四至一五五
广寒宫●页一四七
鹊桥星河●页一四二

针对现实生活中的节日，游戏里也会推出对应的特别建筑。这些建筑的设计思路和其他部分的建筑不太一样，除了要参考和节日有关的民俗资料，还要考量时代和地理位置等因素。下面举几个例子。

鹊桥：目前在游戏中还不能呈现夜景，但为了表现牛郎和织女的鹊桥相会，美术团队用树荫造了一个局部夜景，水中的倒影能看到夜空和星星。

广寒宫：这是团队第一次画山石上的建筑，第一次画宫殿，也是第一次在建筑物里配小动物。一般这种活动性建筑我们都会更大胆地尝试新设计。

流觞曲水：严格地说，这不是一个建筑，而是四个部分。这四个部分都来自古画，在游戏中能自由组合、随意拼接，再配合酒杯在水面流动的动画，理论上能拼出一条很长的“流觞曲水”图。

金宝箱
象牙筷
鹤顶红
蝎子蛊盒
雄黄
蝴蝶佩·右
潘安名帖
太极图
银宝箱
一篮蔬菜
炖肉歌
蜈蚣蛊盒
蒙汗药
蝴蝶佩·左
北斗挂坠
孝头髻
铜宝箱
清明上河图
灶台
大众菜谱
聚宝盆
玉佩
香盒
眉黛
晒盘
一桶青鱼
整只生鸡
鸡血
金元宝
胭脂
透光镜
梳子
汉宫春晓图
野猪肉
鲤鱼
蜜桂花
彝刀
骨头
银凰灸针
锅铲
纑刷
虾
青鱼
油瓶
蜂蜜
水稻
帗舞

宝物与道具

啸天犬
斩仙剑
铜香炉
镇河铁犀
拂尘
灯笼
下下签
上上签
下下
上上
麻绳
凤凰
节寰剑
虎头铡
虎头湛金枪
香烛
火绳枪
风火轮
钥匙
眼泪
缚龙索
龟壳
简易建材
纸灯笼
手鼓
拍板
面具
绢伞
打神鞭
风车
韶箫
黑色唢呐
兔儿灯
纸钱
正丹纸
桃花团扇
鸡羽毛
唢呐
糖葫芦
旗
如意
折扇
焦尾琴
浑不似
棋盘
卦象
天秤
毽子
黎锦
火药
神臂弓

民

● **mín**

1. 指人或人群：居～ | ～族。
2. 从事不同职业的人：农～ | 渔～。
3. 劳动大众的，非官方的：～间 | ～歌。

沈周
沈醉林深间
周身覆蕉叶
清泉闻鹿音
微雨画初荷
文徵明
文章小楷绝
徵音天地广
明晓世间理
绘情尺素上

仇英
仇十洲雕琢刻镂
英人杰不问出身
画仕女信手拈来
心儒雅位列吴门
唐伯虎
桃花坞里桃花庵
桃花庵里桃花仙
桃花仙人种桃树
又摘桃花换酒钱

吴黎
吴越碧玉
黎明于归
静女持家
好景同辉
侯
林奴儿
侯
林泉山月笑春风
奴曾寻踪等花开
儿女痴情何处放
秋草丛中处处埋

仇珠

仇杜陵工笔重彩
珠玉慧画毫点睛
有形诗落墨挥就
乐人间尺素寄情

文俶

文锦添光辉
俶灵似碧玺
闺楼工丹青
秀雅独一笔

徐祯卿

文章江左家家玉
烟月扬州树树花
会待此心销灭尽
好持斋钵礼毗耶

天

祝枝山

侯

祝赞天地阔
枝笔书狂草
山岳起中锋
风云落飞白

侯
董其昌
董笔绘大千
其境自风流
昌达抒胸臆
诗书煮清酒
董夫人
卿
吴山青
越山青
两岸青山相送迎
谁知离别情

沈度
天
沈心沉凝行成云
度雁南去笔难随
永年自乐岁岁饮
字伴华严声声回
陆深
陆离葳蕤笔如渊
深藏绿雨俨若山
瑞麦九岐殆未见
南枝归鸟人归田
侯

魏徵
侯
以史为鉴
可以知兴替
以人为鉴
可以明得失

丽娘
汤显祖
良辰美景
奈何天
赏心乐事
谁家院
恰好花园内
折取柳半枝
既淹通书史
作诗赏柳枝

徐霞客
沈万千
青青河畔草
绵绵思远道
远道不可思
宿昔梦见之
卿
侯
徐徐天地间
霞光照远方
客行千万里
路途险且长

常遇春
常征采石矶
遇敌化阎罗
春风吹来时
功过任人说
朱元璋
朱笔阅江山
元年自洪武
璋弄天下事
御览父老意
刘伯温
刘门显赫郎
伯仲分翘楚
温润临风前
冰心登高出

朱棣
天
姚广孝
侯
目三角
掩黑袍
形如病虎
是何异僧
朱门相争
棣华不宁
燕云既定
永乐升平

李时珍
天
李树结百子
时济苦行人
珍果润津泽
行善不问恩
阿朵
侯
瘴气笼青山
盘岩没只狼
芦笙学凤鸣
苗草自芬芳

徐光启
利玛窦
辞山别海
行赴大明
觅得知己
同学同行
几何原本
度数之宗
今既译典
四海行通

戚继光
戚家军令明
继之以水火
光霁凯歌起
荡寇平海波
王如一
王家将门女
如风扫贼寇
一朝蛾眉横
卫海安黥首

嵇康
嵇志独清峻
康衢玉山倾
一曲广陵尽
古今绝此音
天
阮籍
夜中不能寐
起坐弹鸣琴
薄帷鉴明月
清风吹我襟
侯

薛素素
香尝花下酒
翠掩竹间扉
独自看鸥鸟
悠然无是非
冯梦龙
不写情词不写诗
一方素帕寄心知
心知拿了颠倒看
横是丝来竖亦丝

黄道婆
天
黄巾素布离家园
道坦坦兮向琼岛
婆娑绣锦巧手成
织女机杼妙法高
秦良玉
侯
秦家女裙钗
良将忠贞侯
玉帛化干戈
蜀锦藏恩仇

奢香
奢请万事兴
香起鸭池河
夫人教文字
人众感恩德
刘淑贞
刘氏有明德
淑慎理水东
贞定开山路
策马望长虹

谈允贤
谈病问诊治恶疾
允恭谦和除病惑
贤医从不分男女
杏林只管扶病弱
马蓬瀛
马头墙上广寒落
蓬荜遇星终生辉
瀛海遥望北斗星
华灯静待眷侣归

罗素月

天

罗浮望浮云
素手植素梅
月下折梅枝
梅香度蛾眉

李师师

卿

唇一点
小于珠子
正是残英和月坠
寄此情千里

张择端
张望车辙远
择水暂栖居
端笔忆汴京
挥就上河图
沈括
沈家梦溪人
括集万卷书
笔谈天地间
古今一鸿儒

穆桂英

穆字帅旗震乾坤
桂香凌云统三军
英姿飒爽桃花马
勇武飘逸石榴裙

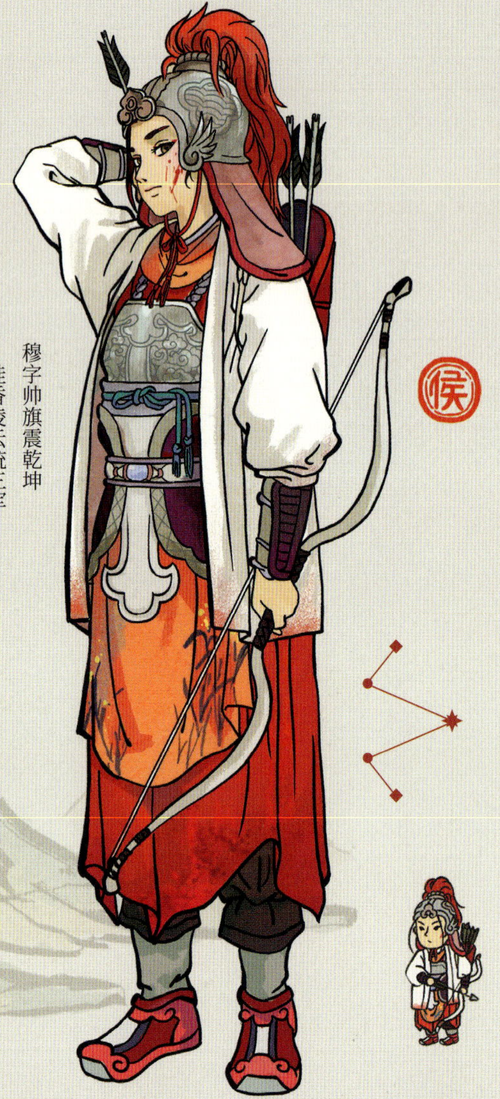

狄青

狄戎犯北原
青山连烽火
天子守国门
将士死城郭

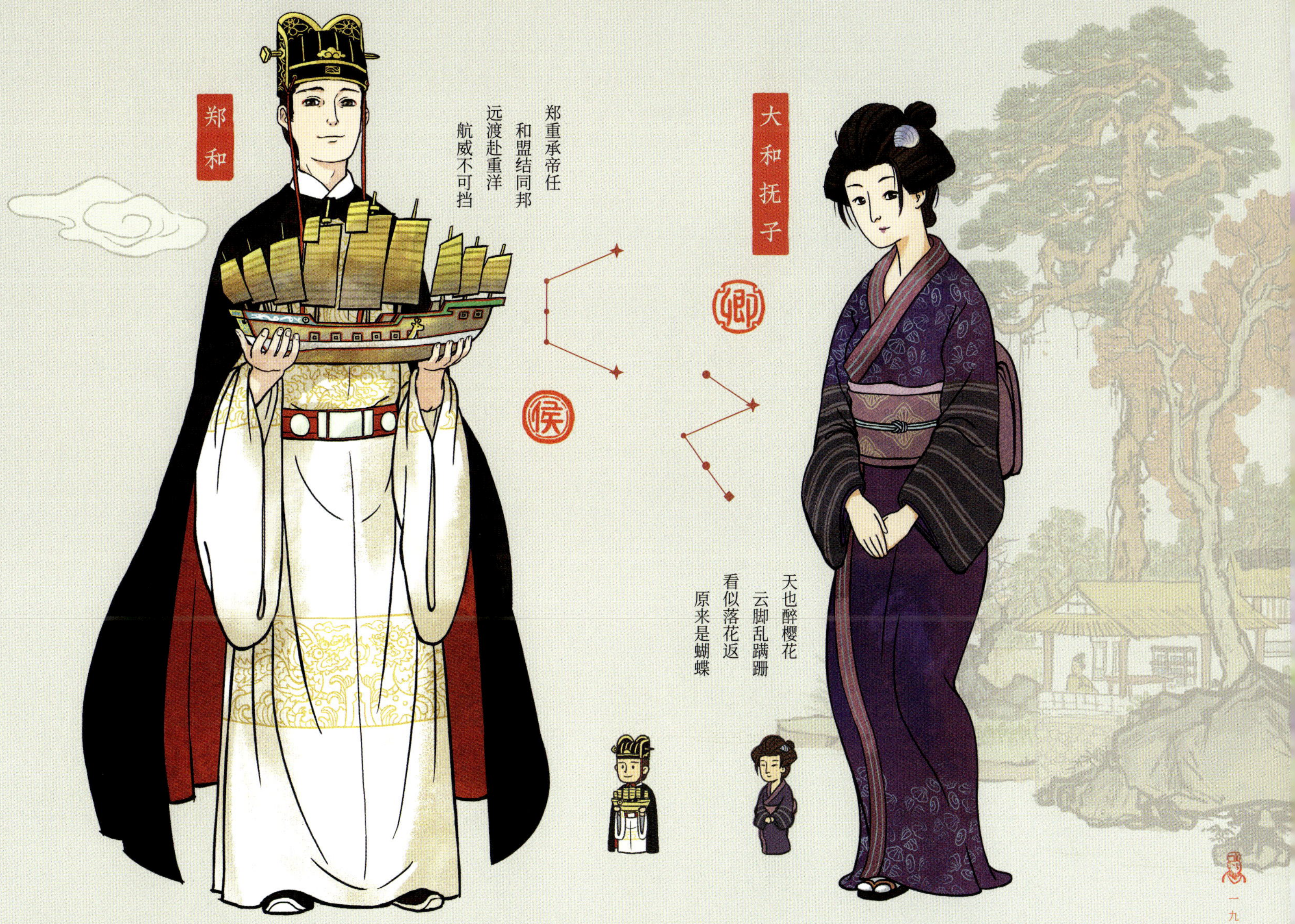
郑和
郑重承帝任
和盟结同邦
远渡赴重洋
航威不可挡
侯
卿
大和抚子
天也醉樱花
云脚乱蹒跚
看似落花返
原来是蝴蝶

包拯
包理大小冤
拯济内外灾
龙头铡贪官
图章鉴清白
展昭
展抱鸿鹄志
昭昭日月明
南北两留名
侠义耀汗青

白玉堂

侠

白衣携酒来
玉面扶危去
堂前闯冲霄
锦毛侠义鼠

许宣
许愿同船渡
宣情共枕眠
怀拢蛾眉女
恩爱不羡仙
西湖美景三月天
春雨如酒柳如烟
白素贞
白衣拂千柳
素锦扫万云
贞娴报天恩
清修重逢君

白居易
白堤垂碧柳
居高望棠梨
易求夜明珠
难得钟子期
小蛮
叶展影翻当砌月
花开香散入帘风
不如种在天池上
犹胜生于野水中

玄奘
孤峰绝顶万余嶒
策仗攀萝渐渐登
行到月边天上寺
白云相伴两三僧
武则天
武皇跃神龙
则定礼与刑
天地皆为臣
帝业凤凰鸣

聂隐娘
学就宝剑光
锋芒藏缟素
得来功与名
何须是丈夫
钟馗
钟状元又失状元
馗道人开扫五毒
捉魍魉又赶魑魅
鬼恶王跪做轿夫

李白
李诗冠全唐
白袍覆青天
文章从酒出
抱负藏诗间
杜甫
醉别复几日
登临遍池台
何时石门路
重有金樽开

李清照

李花棠梨次第开
清渠旁边落青梅
照见少女始娇颜
年少不识愁滋味

赵明诚

莫许杯深
琥珀浓
未成沉醉
意先融

潘安
侯
潘车盈丰果
安郎哀春景
儿时九连环
老来梦里惊
左思
侯
貌寝不出须秉烛
门庭逐笔赋三都
盈车区区几十载
文章千年纸贵无

苏武

苏武牧羊老
武威气凛然
持杖守北海
旌节照肝胆

王昭君

王庭琵琶女
昭昭明月羞
君子一杯酒
塞外折杨柳

梁山伯
梁兄相送十八里
山中彩蝶落玉钗
伯仲原本是虚相
牡丹家中等郎摘
侯
天
祝英台
祝有如意郎
英华娶妾归
台亭陈三愿
化蝶与郎随

高楼谁与上
长记秋晴望
往事已成空
还如一梦中

道士
住持
矮和尚
高和尚

桃花酒仙
士兵
刺客

胭脂铺老板
祝大春
祝平安
胭脂铺老板娘
吴小喜

钱玉兰
吴小青
吴飘香

华夫人
华太师
冬香

李知秋
十里

杜大娘
嬷嬷
员外
花农

掌柜的
小二
书画商
写意老李
古董商人
林三爷

乱拳唐三
沈园佣人
沈园佣人
沈园家丁

病美人
书生
绣娘
小丫鬟

小贩
农人
农夫

屠夫
渔民
货郎

鱼贩贾富贵
乐乐
卖桂花糕的凤仙
九儿
虎爷

小叫花子
丽丽
西西
阿心颜料铺老板
阿二
阿心颜料铺老板娘
阿心

吴黎●页一七二
文徵明●页一七〇
董夫人●页一七五
董其昌●页一七五
马文才●页二〇五
祝英台●页二〇四
梁山伯●页二〇四
包拯●页一九四
郑和●页一九三
玄奘●页一九八
张择端●页一九一

市场上主流的古代题材游戏的人物画法已经形成定式。若跟随主流画法，虽然市场接受度高，但是一来大家会审美疲劳，二来有太多体量更大、出发更早的同行在这条赛道上，竞争激烈又残酷，所以只能另寻出路——让项目跟随自己的审美喜好，从古画中汲取营养，并将其改造得符合现代审美。另外，因美术人员配置有限，若采用主流人物立绘法，时间成本较大，所以团队在绘制立绘的过程中将画风扁平化，也不去做复杂的体积塑造，还将光影简化为明暗两面等，都是为了降低单张画的绘制成本，确保在画师有限的情况下能够产出足够丰富的人物群像。

角色设定涉及游戏的方方面面，包括剧情、数值系统甚至玩法。一般来说，策划组先完成角色定位，文案组给出基本的人物形象需求，如年龄、身份、气质、性格、事迹、经历等，美术组再以此为基础画出具体形象。在此过程中，美术和策划会保持沟通，直到敲定最终方案。游戏中人物的稀有程度有区别：天 > 侯 > 卿 > 士。这一点在视觉表现上靠细节多寡来体现：“天”级角色除了服饰会有更多细节，还会配一些与人设相关的物件，画起来需要更多精力。但这样可以使不论什么级别的人物，都有自己的特色和辨识度。

除去基础的设定限制，美术组自主发挥的空间相当大。比如，画出《清明上河图》的张择端，历史上没有留下任何形象，美术组给出的设计方案是画他写生时压根儿没发现身上停了螳螂和黄雀，以此表现他专注于画画的忘我境界。人物立绘中还有很多小细节：玄奘衣服上的图案融入了悟空的桃子、八戒的钉耙、沙僧的佛珠；郑和手中的宝船模型上有他带回来的麒麟（长颈鹿）；包拯抱了一只御猫；梁山伯与祝英台身边飞着蝴蝶，而马文才身上停了一只蛾子；董夫人与董其昌使用了相同的银杏叶作为设计元素；文徵明和夫人吴黎衣服上的图案都是桂花……这些细节也许未必会被玩家发现，但对创作角色人物很有益。

李时珍●页一八二

除了这些名垂青史的特殊角色，游戏中还有大量的普通百姓。他们也有自己的人生，会结婚、生病、去世。其实，美术组更喜欢画平民：一是平民的设定限制更少，基本上只有性别、年龄和职业；二是特殊角色多少还是要画得“好看”一点，而平民则没有这个顾虑，可以把相貌画得有趣味又有特点。令人欣慰的是，玩家们也很喜欢这些各有特色的平民。

策划组在选择角色时，会先确定人物的属性、技能等，再据此去寻找历史上比较相符的人物。若是合适的历史人物有多个，就优先挑选接近明代的人物。另外，还需要避免人设相近的情况。比如，已经有了名医李时珍，同是名医的孙思邈、张仲景就不太可能出现在游戏里了。

羽翼仙
舞龙队
包打听
杨孟瑛
严大人
福满春
无忧
金不愁
衙差
范仲淹
舞狮队
土行孙

赵公明
说书人
阿鹦
石青
老张
王争先
杨秀秀
豁达
叶宗行
小娃们
白小生
強盗
纵火狂
恶霸
小偷
飞贼
义贼
倭寇
倭寇们

思

● sī

1. 想，考虑，动脑筋：~想 | ~忖 | ~索。
2. 想念，挂念：~念 | ~恋 | 相~。
3. 想法：~绪 | 构~ | ~致（新颖独到的构思、意趣）。

制作游戏开头动画的时候，一方面因预算和人力有限，另一方面也希望有点不同的风格。于是，团队在尝试了古籍刻本插图、木雕版画、墓葬壁画等风格后，最终为开头动画选择的表现形式为传统民间艺术——螺钿。

上：前期的探索。那时候还设计了很多变成动物的角色。Q 版的绘画风格接近现在的成品。

右图 & 对页图：美术组姚明的前期探索作品，画风源自江南地区的民间艺术。

茶

230-231 页：美术组千九的概念图，主要是水墨和国画方向。
230 页左下组图：Xellos 针对卡通化表现的探索。

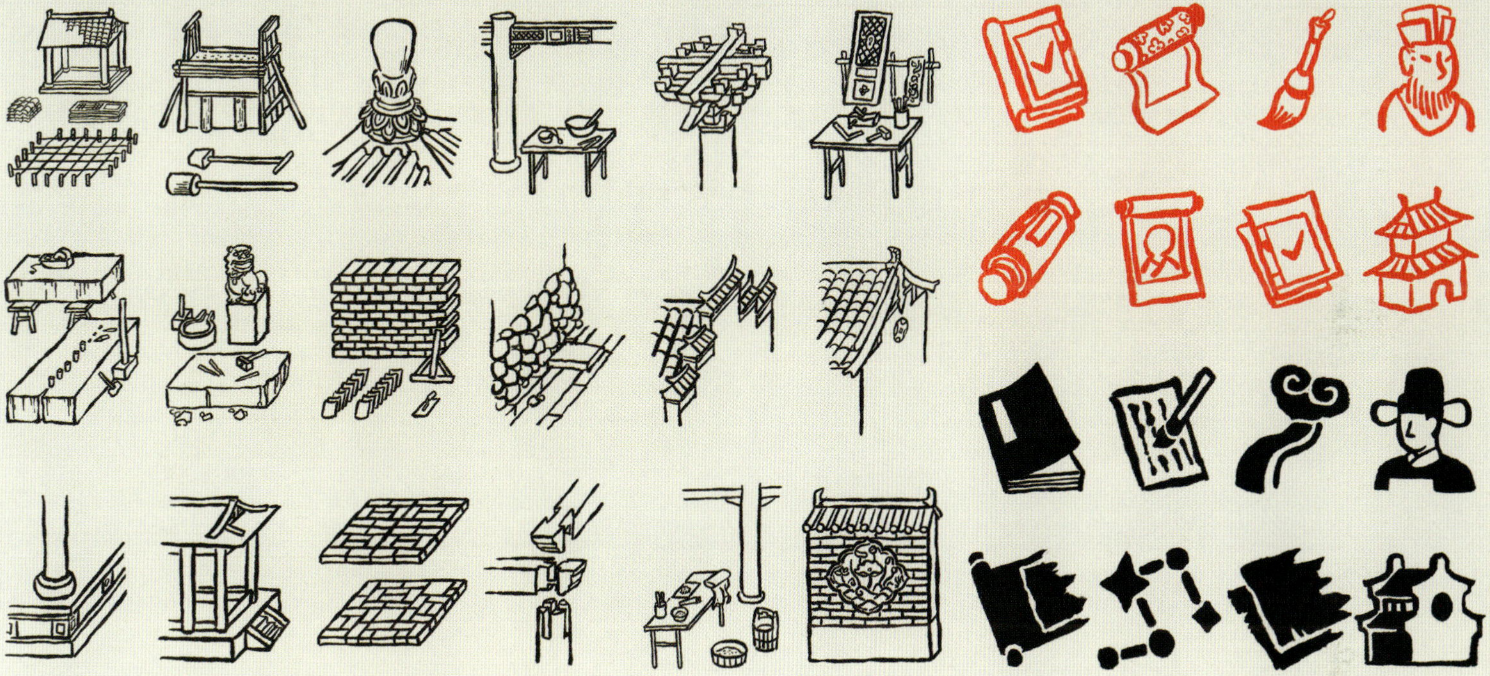

游戏中图标的设计，一个是要考虑使用场景，另一个是要有趣。与资源相关的图标在游戏画面中实际尺寸非常小，所以要尽量做到简约、粗描边、色块明显，以方便辨认。道具和宝物则可以相对画得细致一些。

团队查阅的资料是超量的，除了建筑和服饰，还看了很多描述古代生活劳作的资料。大家都很喜欢这些内容，总是想尽办法加入到游戏中。图标就是个例子，游戏中不少道具图标都来源于古籍，“桃花村探险”里的“科技”图标就模仿了《天工开物》中对古代技术的画法。

江南

游戏图标除了要美观，还有很多限制因素，如平台规范、公司品牌定位、点击率等。在淘汰了几十个方案后，才将游戏图标确定下来。

我们热爱模拟经营游戏。立项之初，我们便扪心自问：“我们最希望玩什么样的模拟经营游戏？”江南小镇的想法就自然地出现了。那时候，模拟经营题材并不是一线主流题材，而我们的画风也有别于主流国风游戏的审美，所以最初并不被看好。好在这一点在后来被证明是值得的。我们的策划团队并不会给美术团队过多的限制，美术团队有很大的创作空间。他们甚至经常提议将在古画中见到的那些有趣的细节放入游戏中。

我们并不喜欢现在主流手游使用的奖励和惩罚驱动的游戏内核。《江南百景图》是一款兴趣驱动游戏。我们做的最大努力是让玩家对游戏本身的趣味性、文学性和艺术性产生浓厚的兴趣，让“有趣”成为玩家玩游戏的主要原因。为了达到这个目的，我们有意识地删除了许多手游常见的奖惩机制，改用“有趣”来吸引玩家。

我们不希望一款游戏占用玩家过多的生活时间，所以在很多地方都努力地阻止玩家爆肝游戏的可能。游戏不应该影响人们的日常工作、休息和社交，毕竟游戏不是生活的全部。

12869
居民 10/12
还有3间空房
13级
37/856
系统
查看
居民
道路
建筑

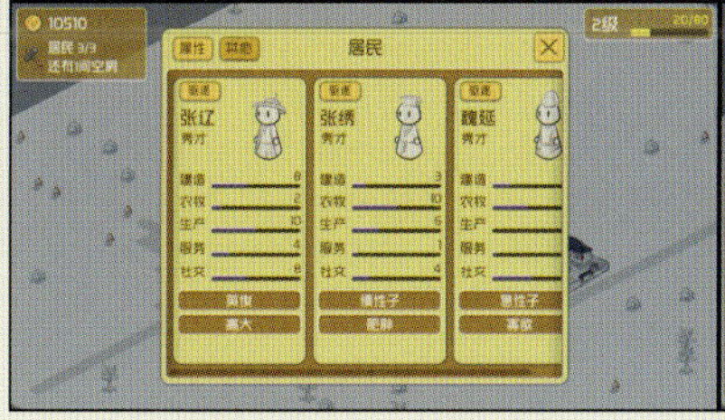
居民

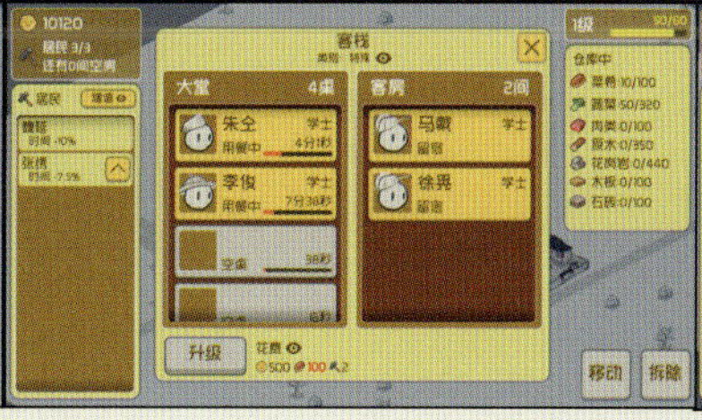
客栈

建筑

白

图书在版编目（CIP）数据

入画：江南百景图艺术设定集 / 椰岛游戏著. --北京：电子工业出版社, 2021.7
ISBN 978-7-121-41262-2

Ⅰ. ①入… Ⅱ. ①椰… Ⅲ. ①网络游戏－介绍－中国 Ⅳ. ①G898.3

中国版本图书馆CIP数据核字(2021)第098891号

责任编辑：田　蕾　特约编辑：刘红涛
印　　刷：天津善印科技有限公司
装　　订：天津善印科技有限公司
出版发行：电子工业出版社
　　　　　北京市海淀区万寿路173信箱　　邮编：100036
开　　本：720×1000　1/16　　印张：15　　字数：192千字
版　　次：2021 年 7 月第 1 版
印　　次：2021 年 7 月第 1 次印刷
定　　价：128.00元

凡所购买电子工业出版社图书有缺损问题，请向购买书店调换。若书店售缺，
请与本社发行部联系，联系及邮购电话：（010）88254888，88258888。
质量投诉请发邮件至 zlts@phei.com.cn，盗版侵权举报请发邮件至dbqq@phei.com.cn。
本书咨询联系方式：（010）88254161～88254167转1897。